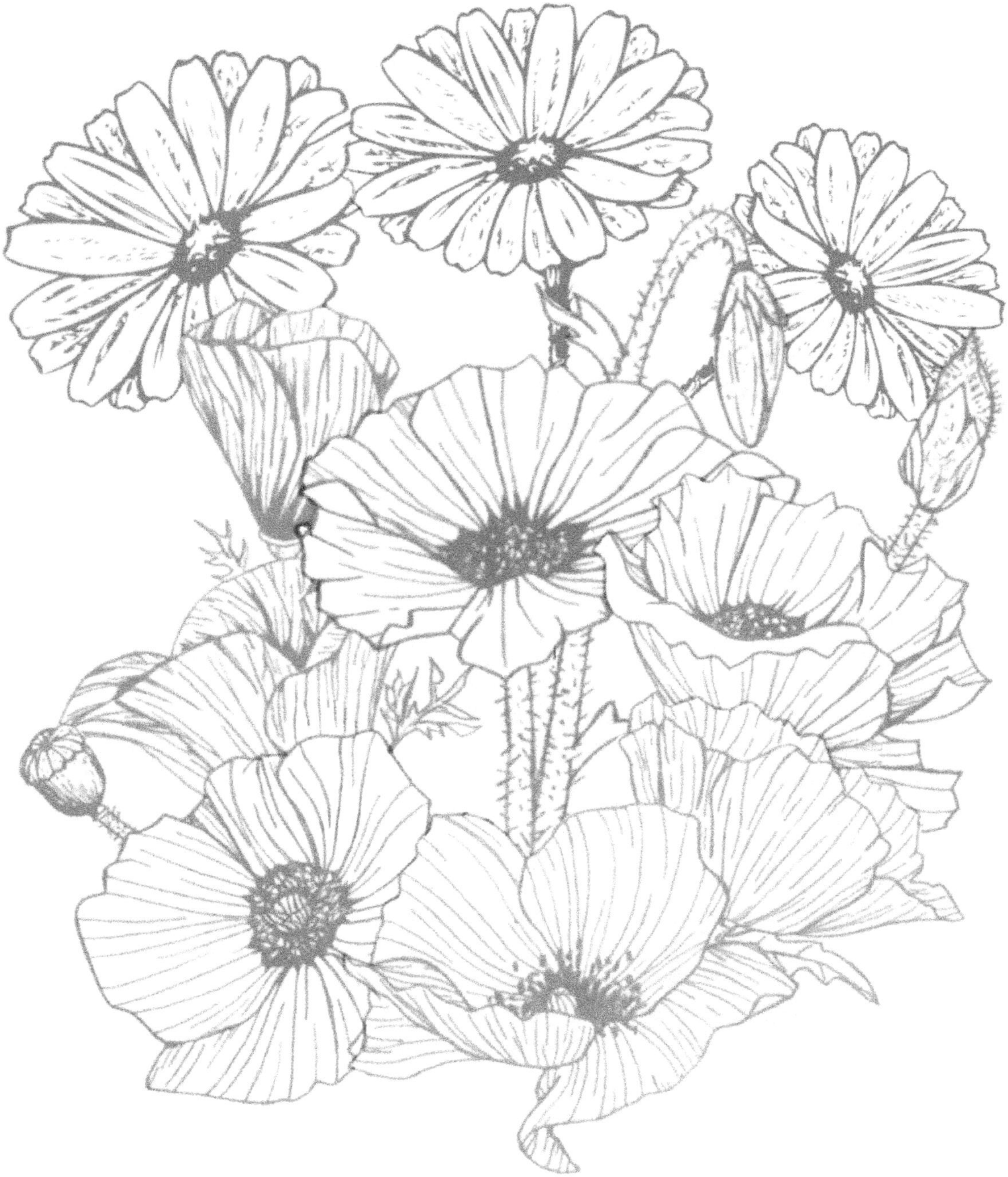

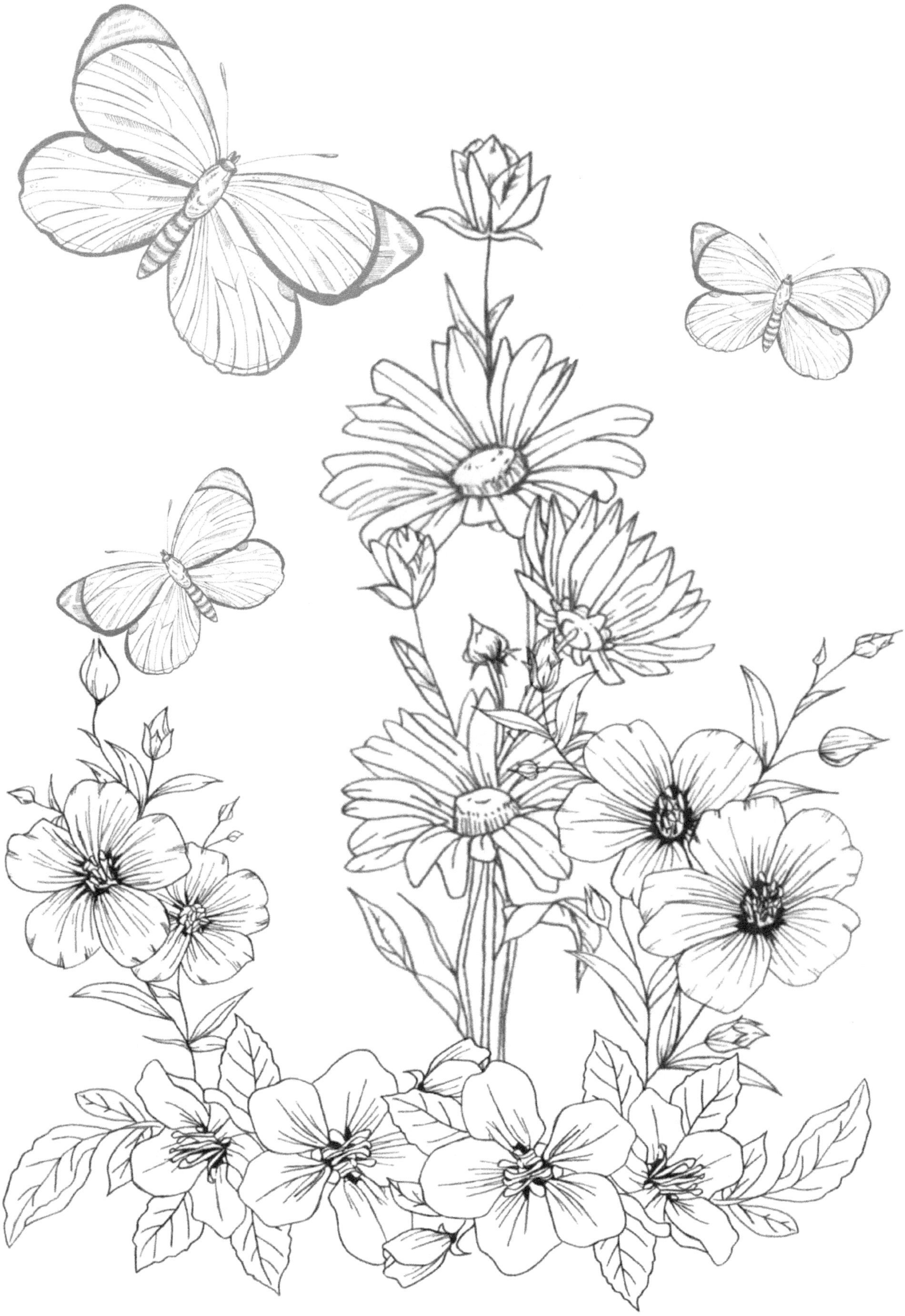

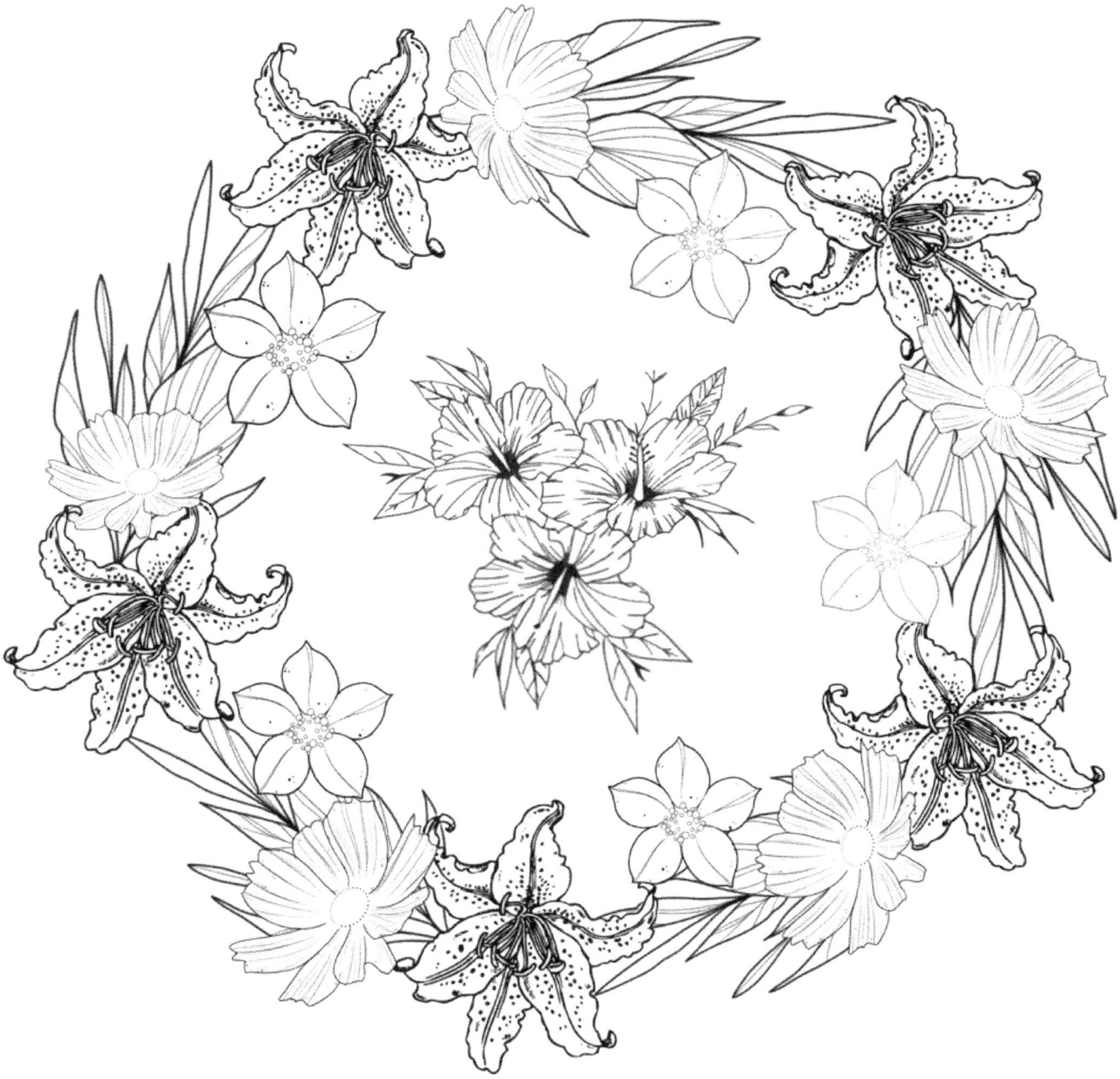

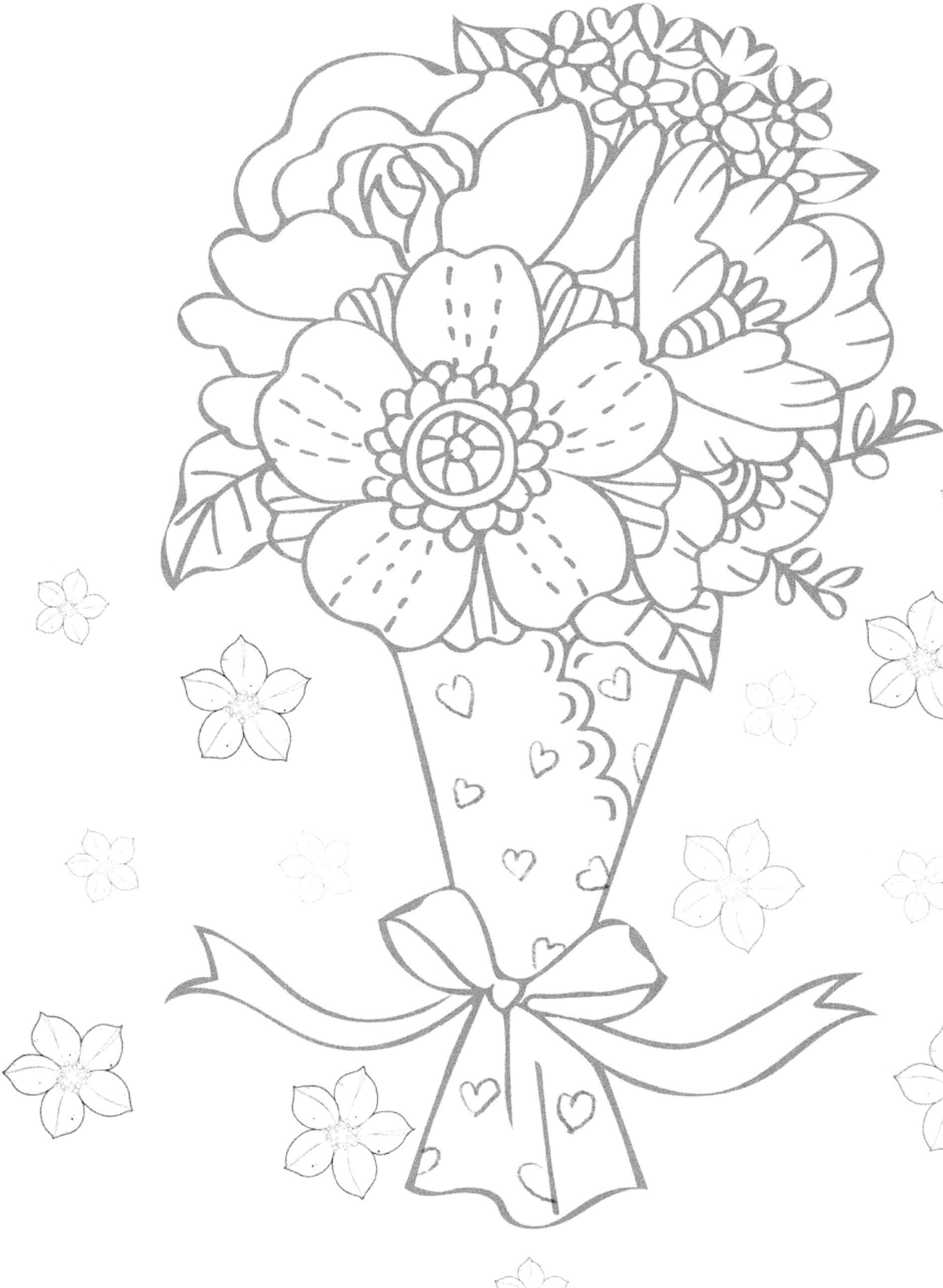

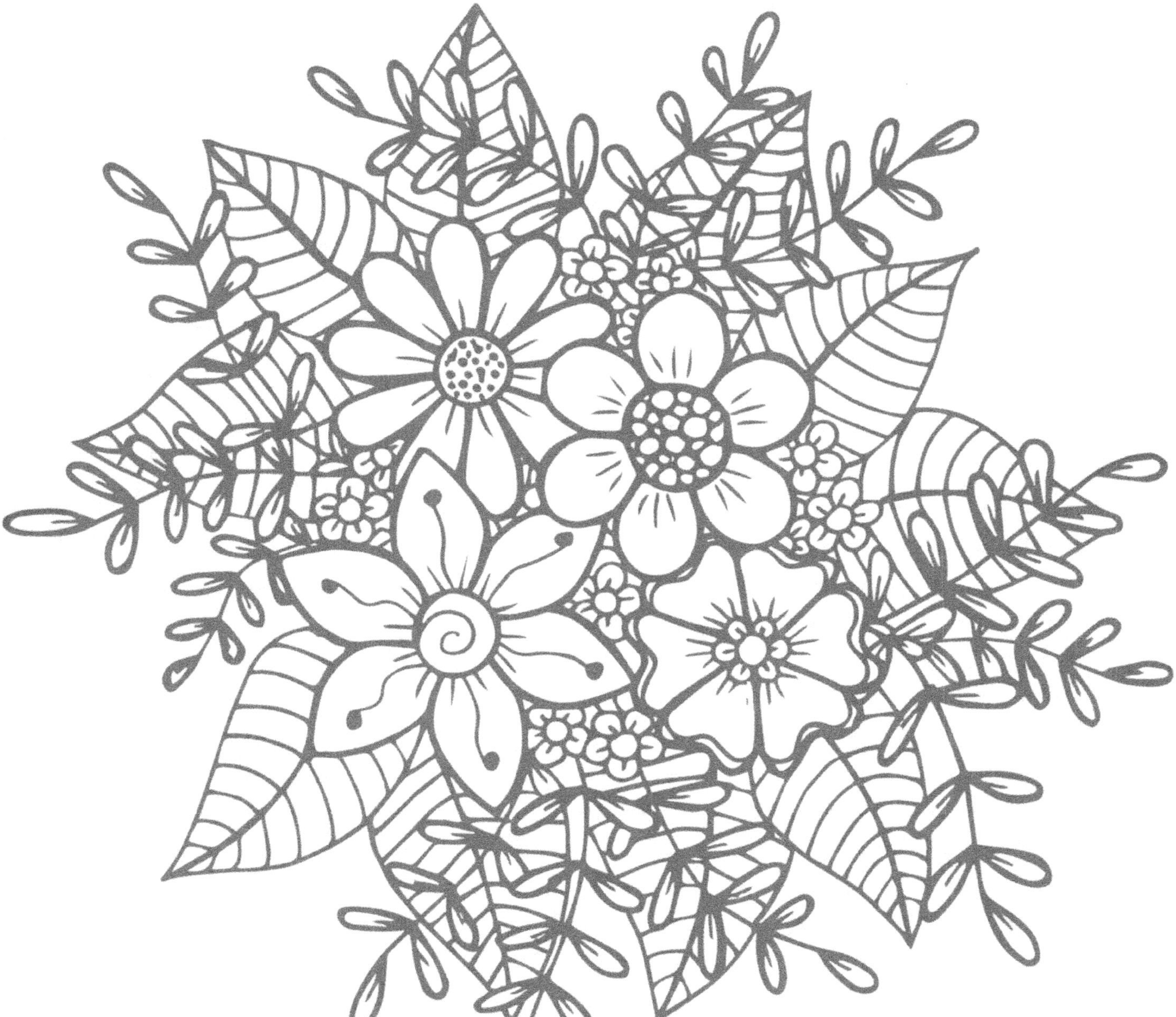

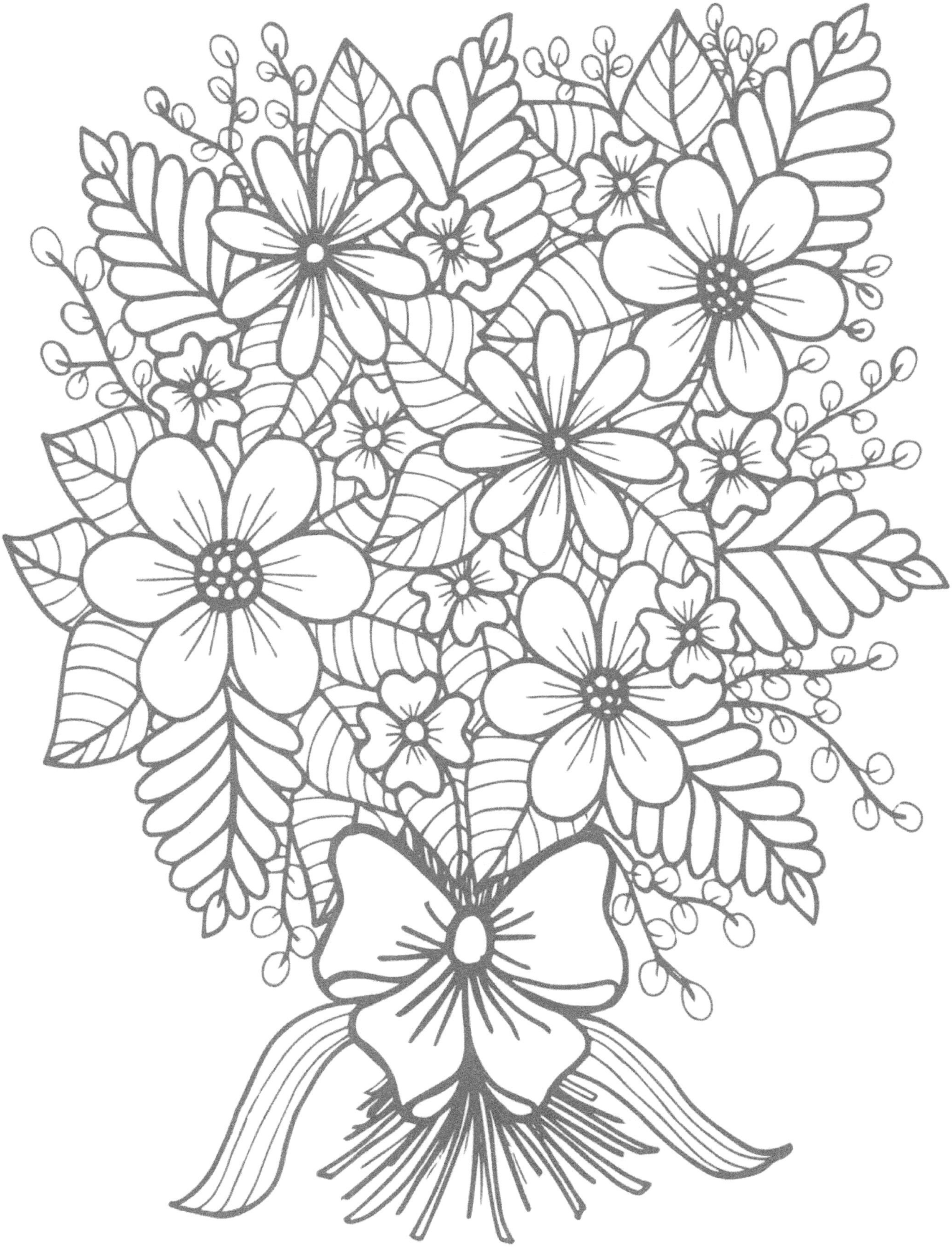

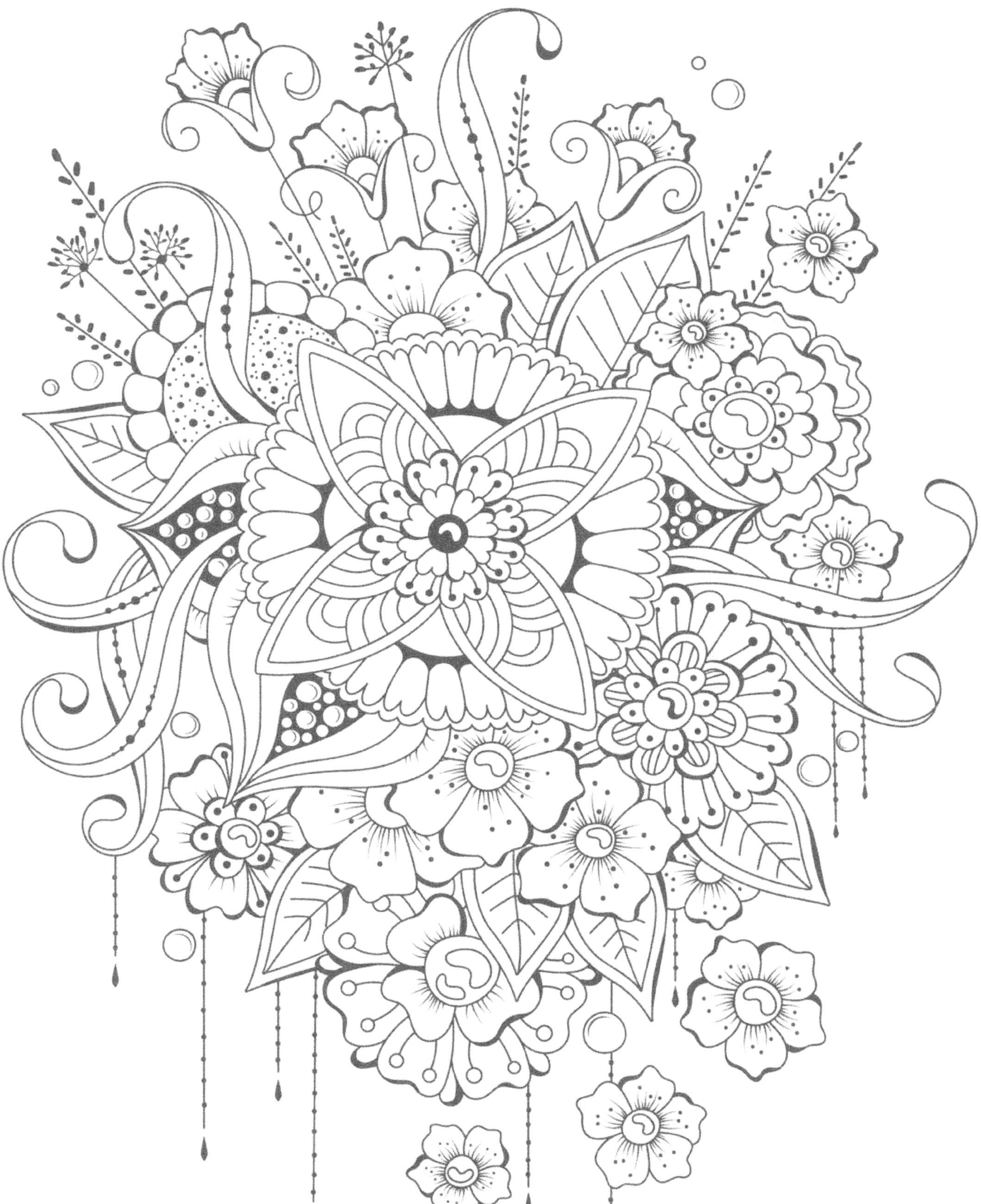

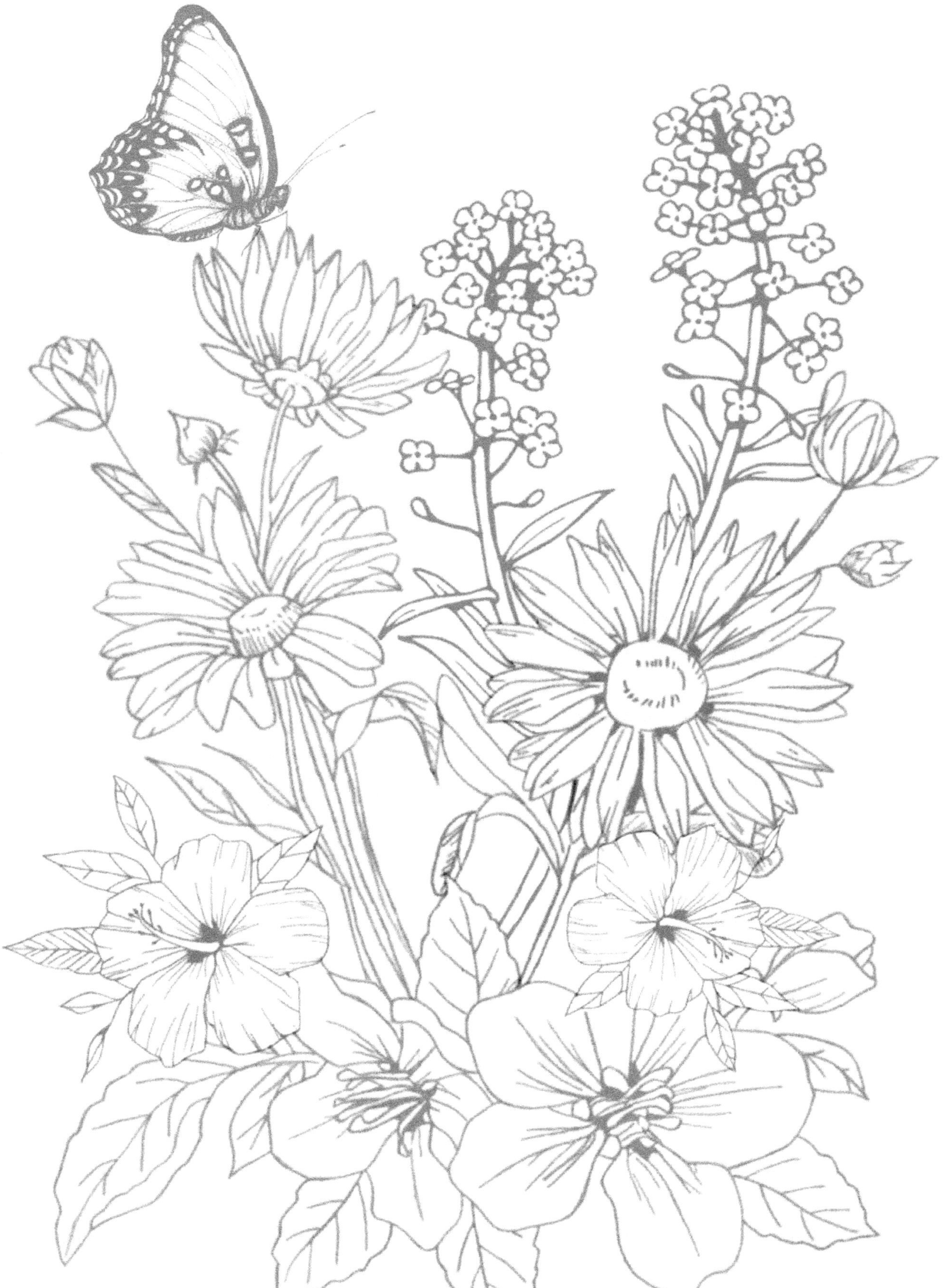

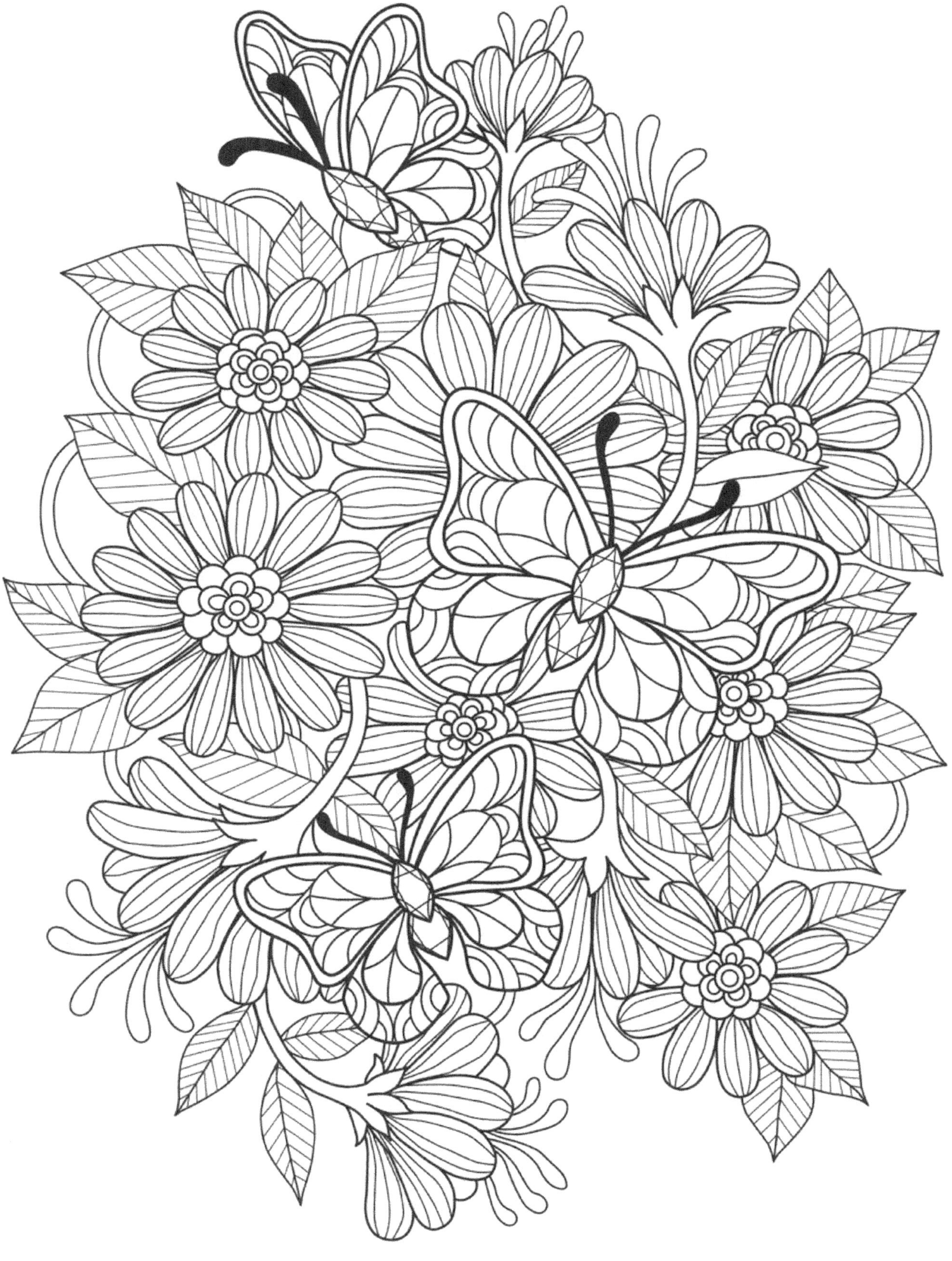

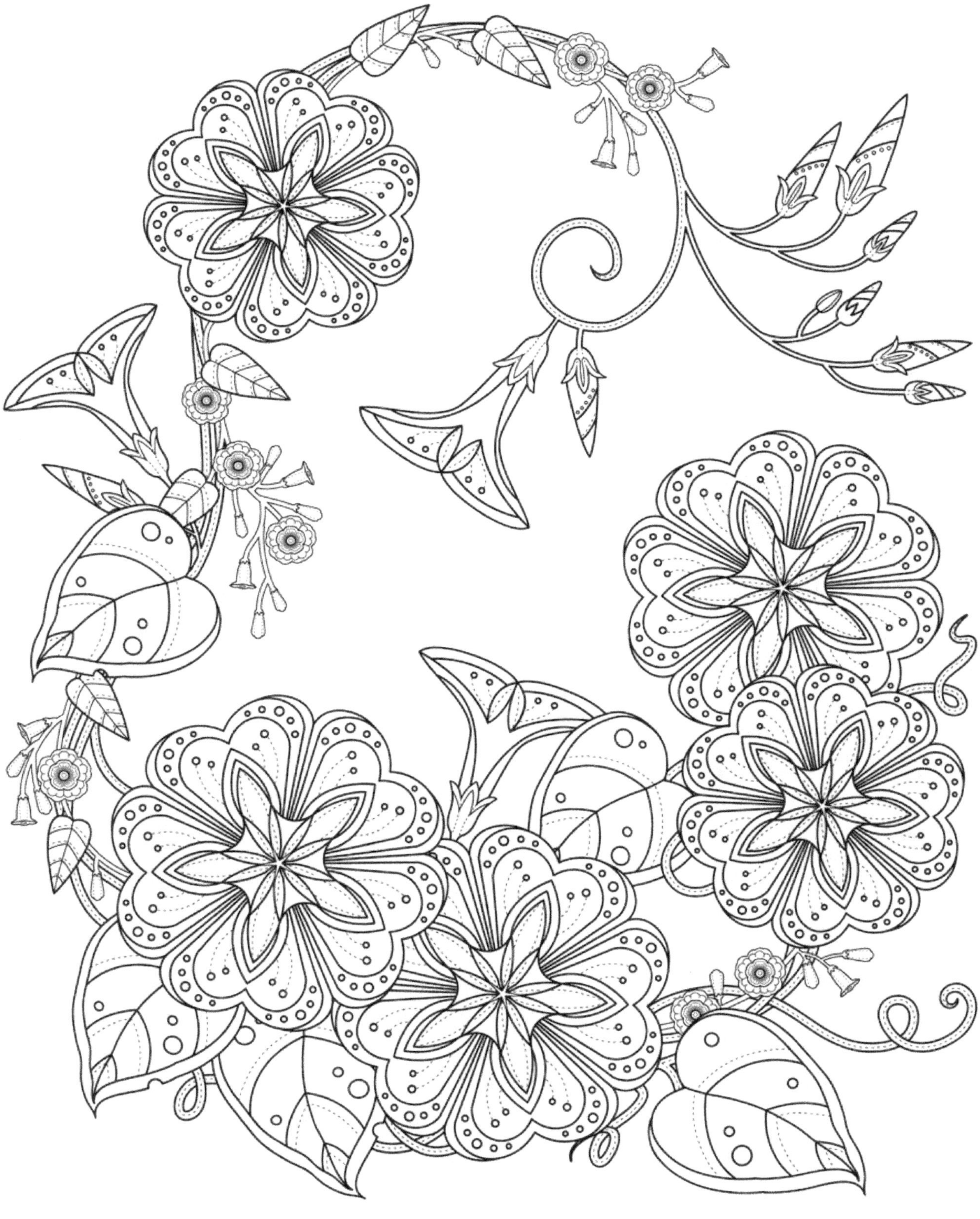

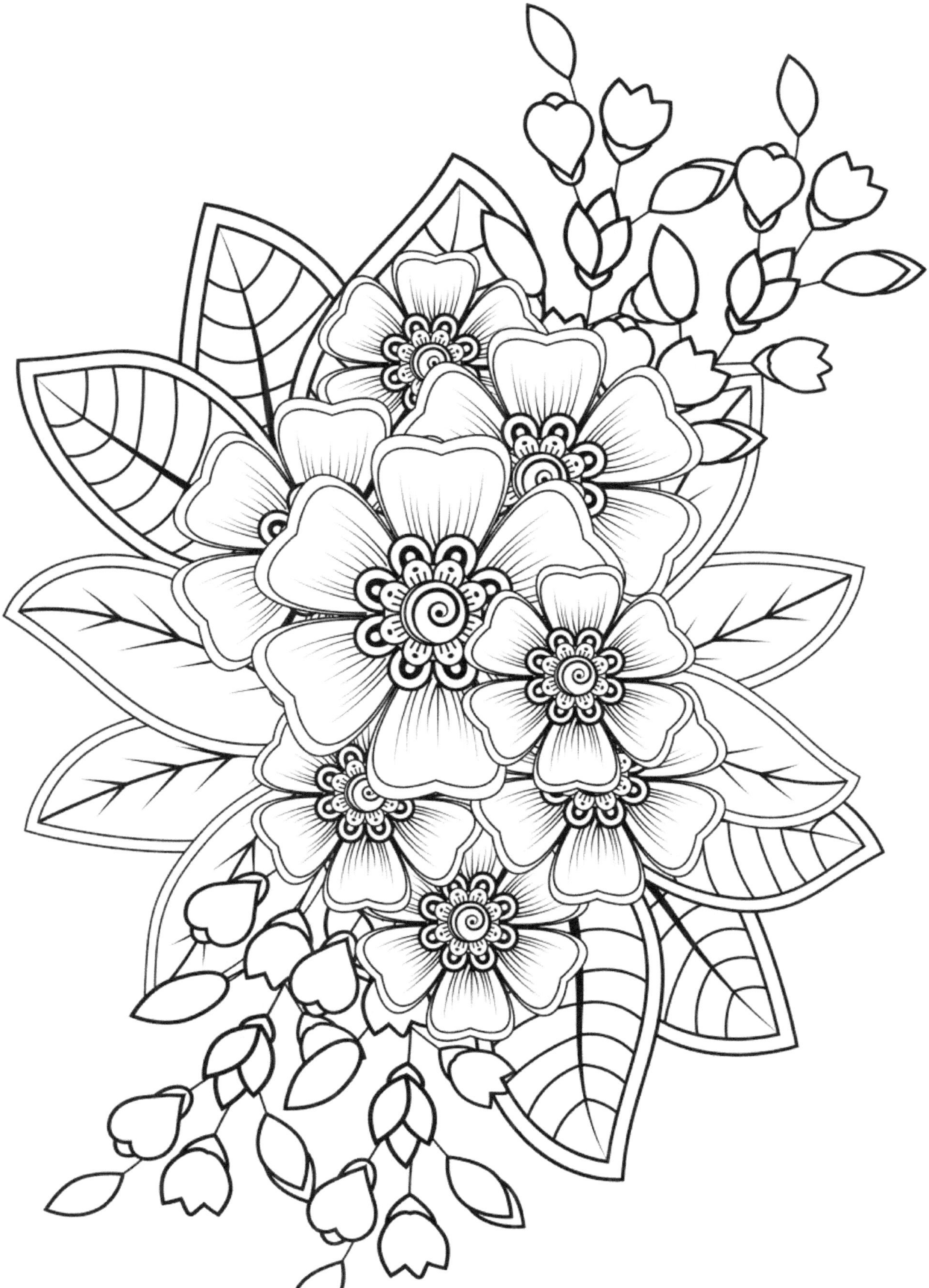

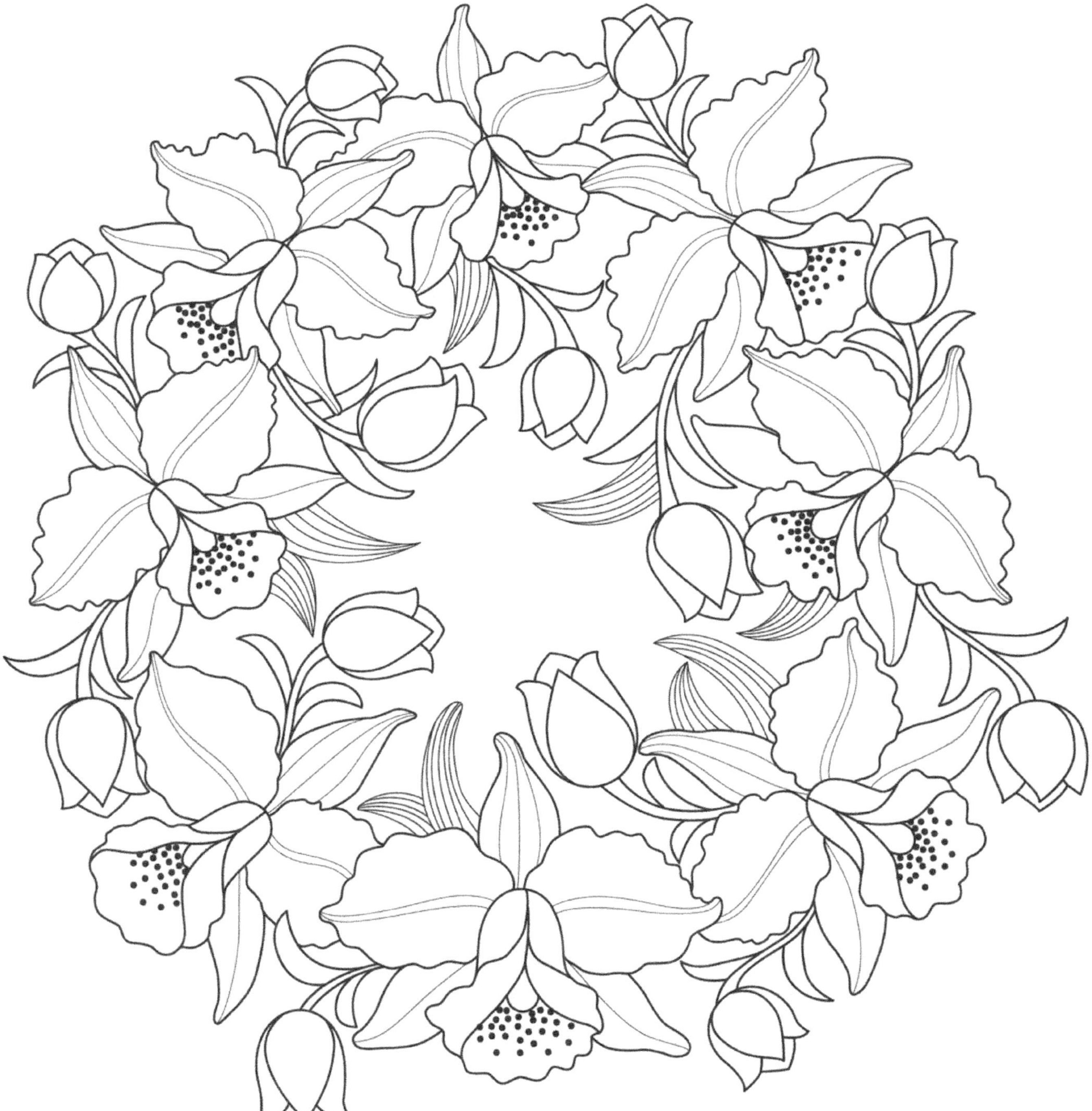

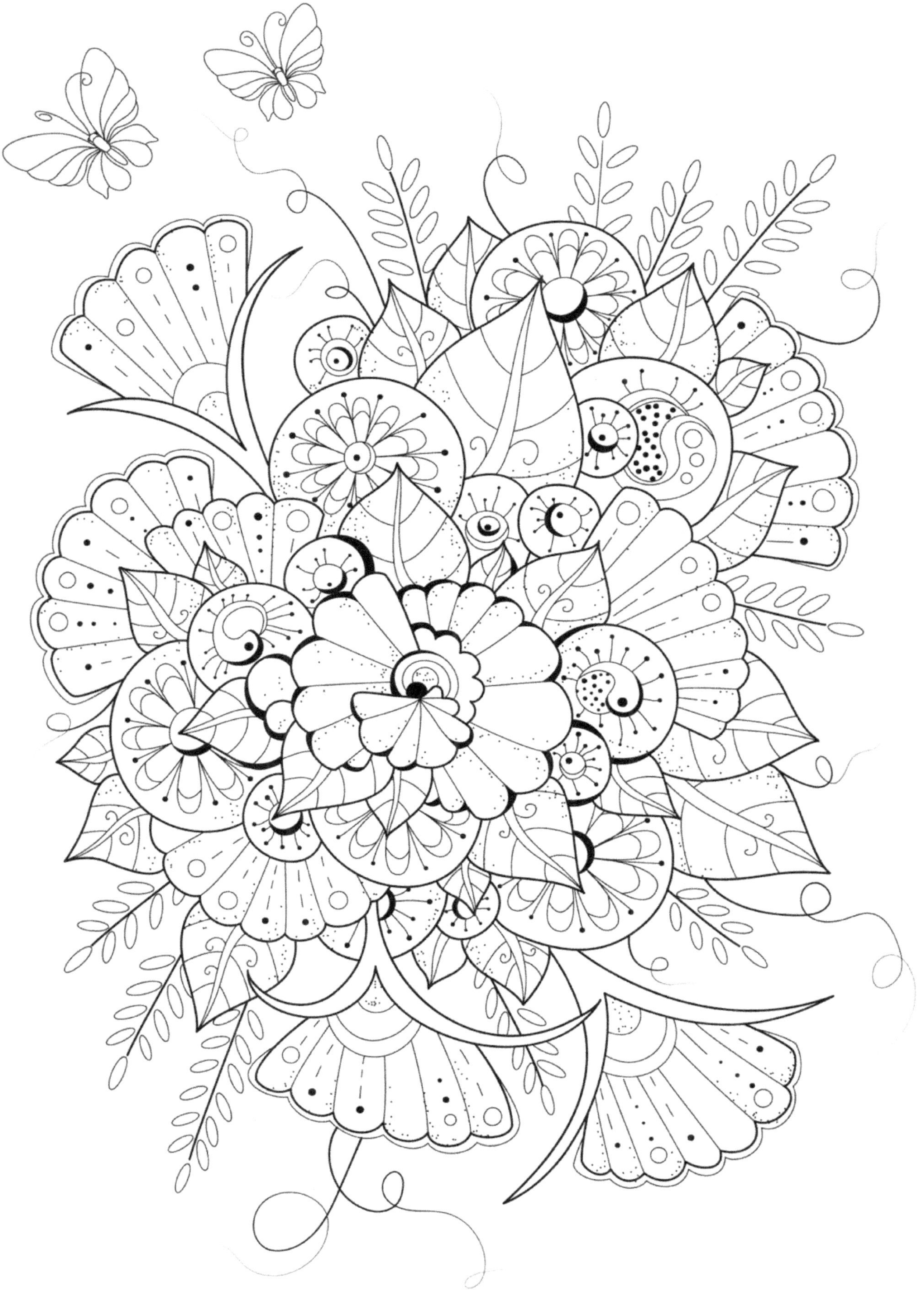

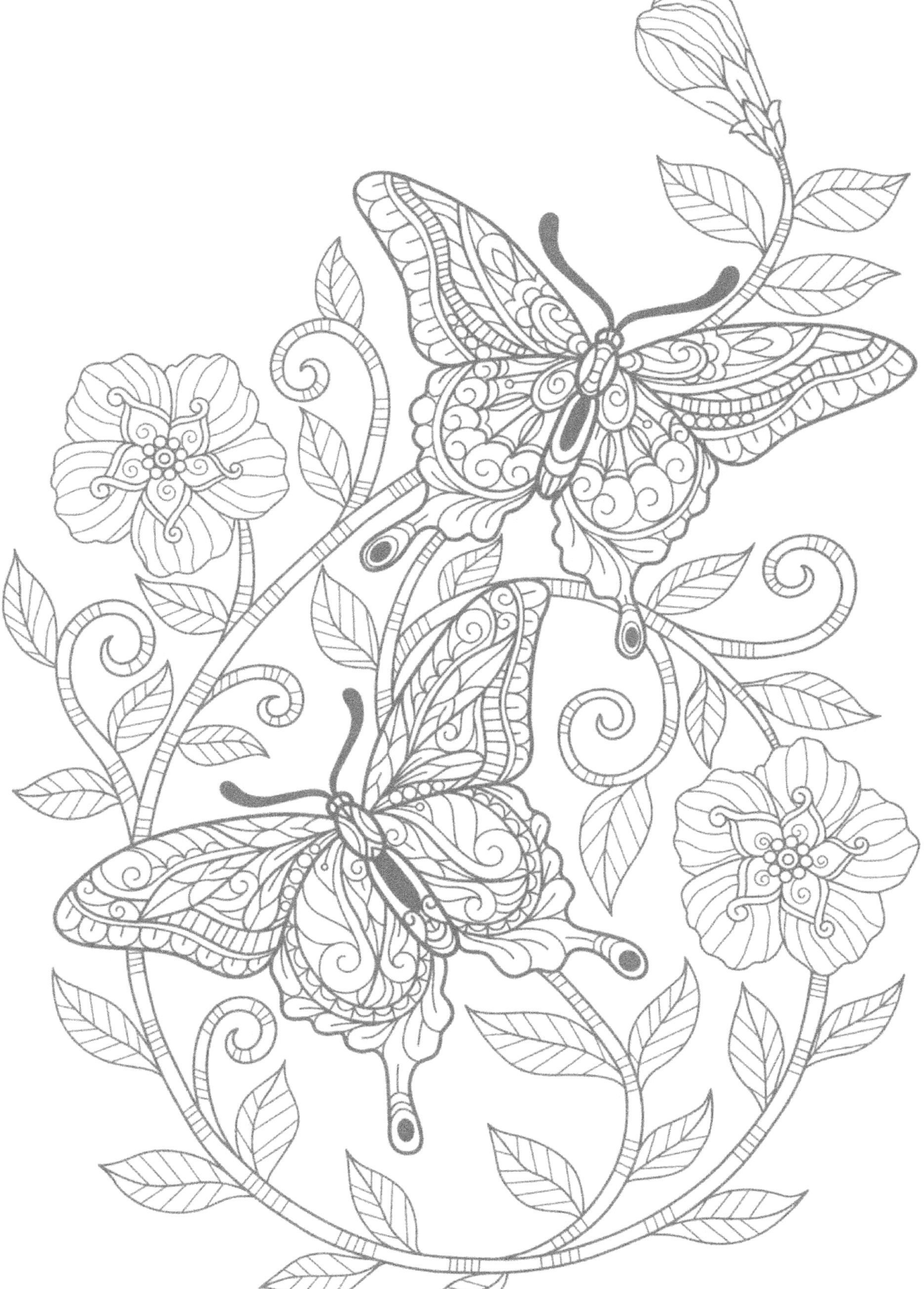

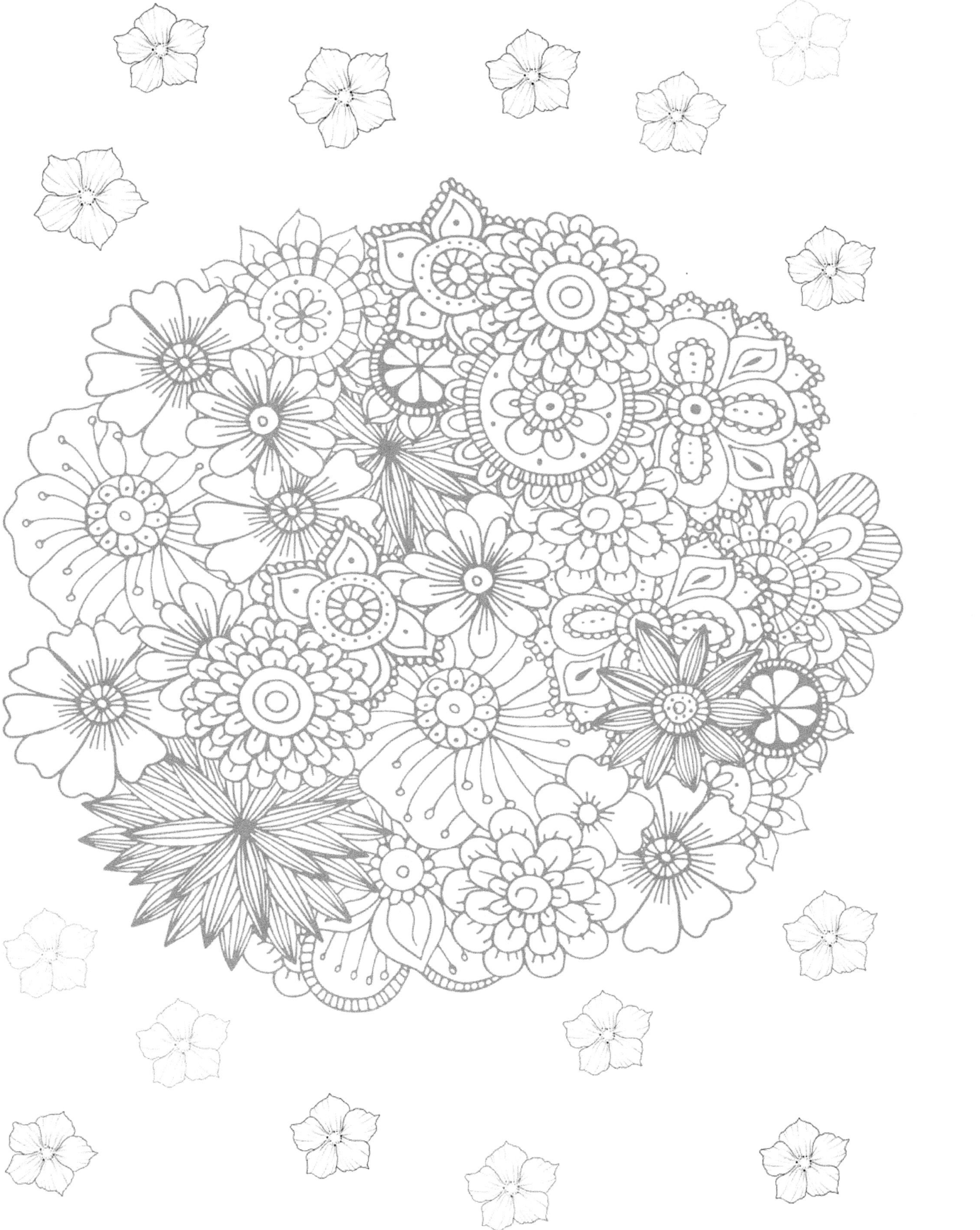

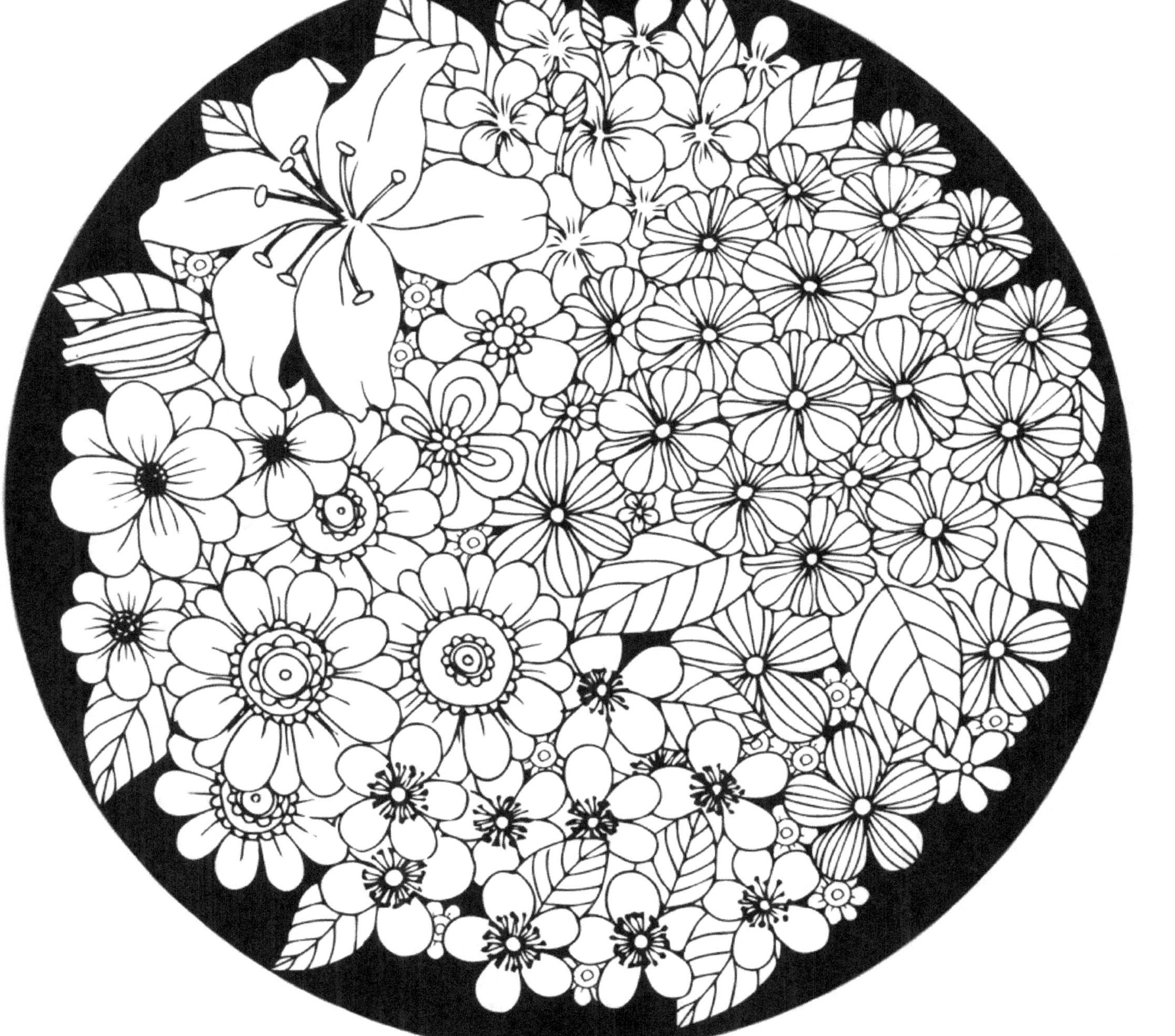

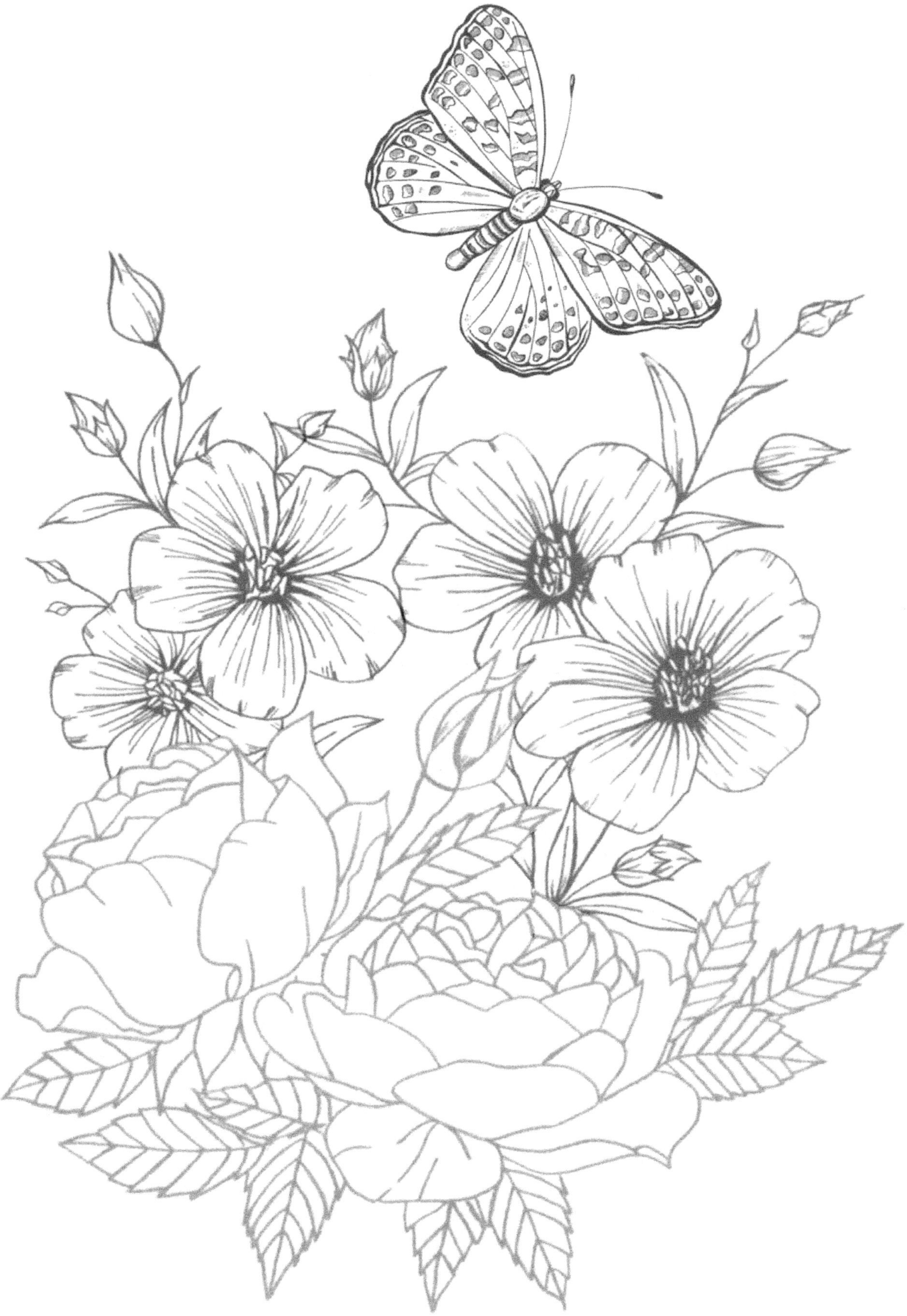

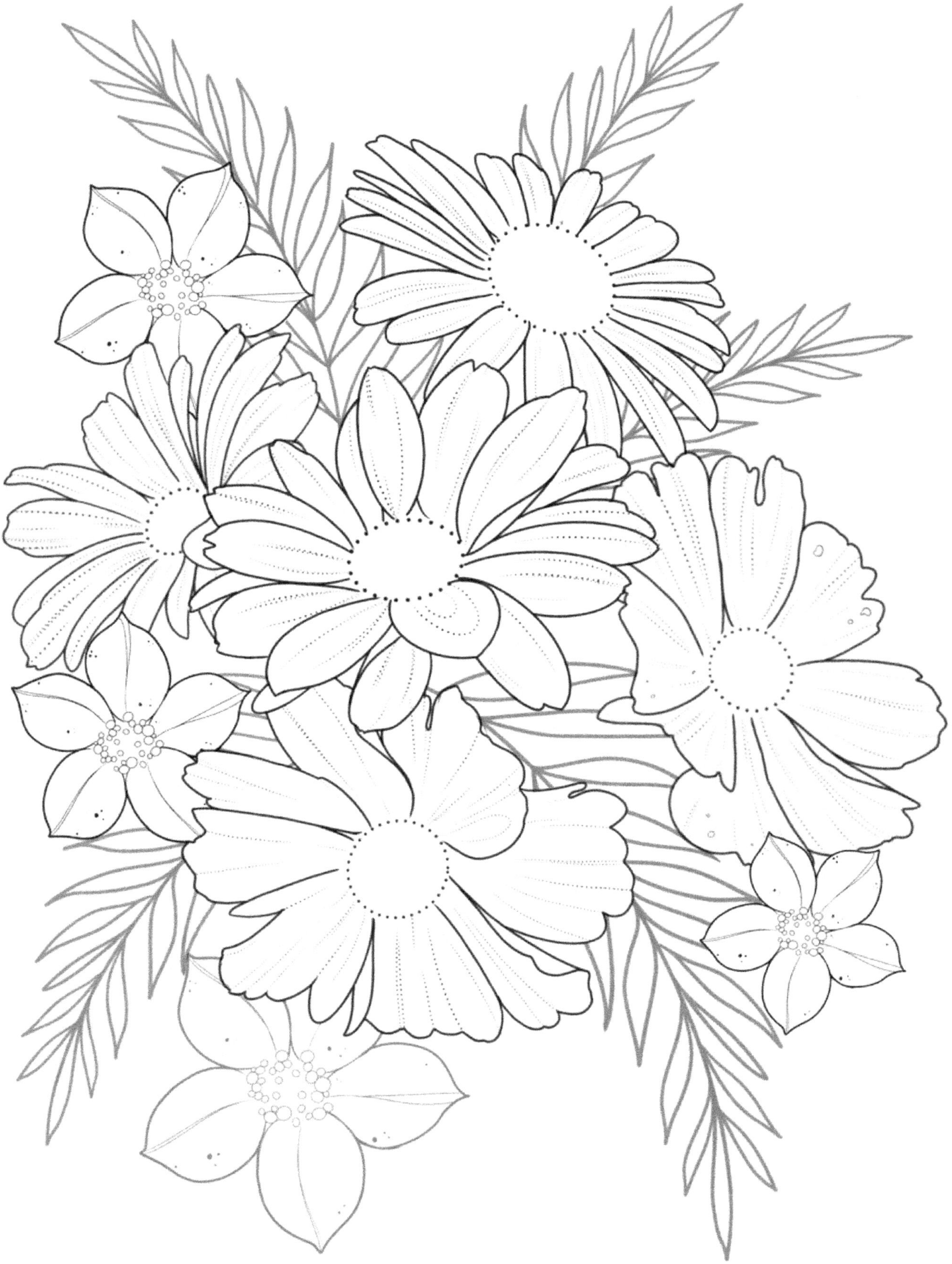

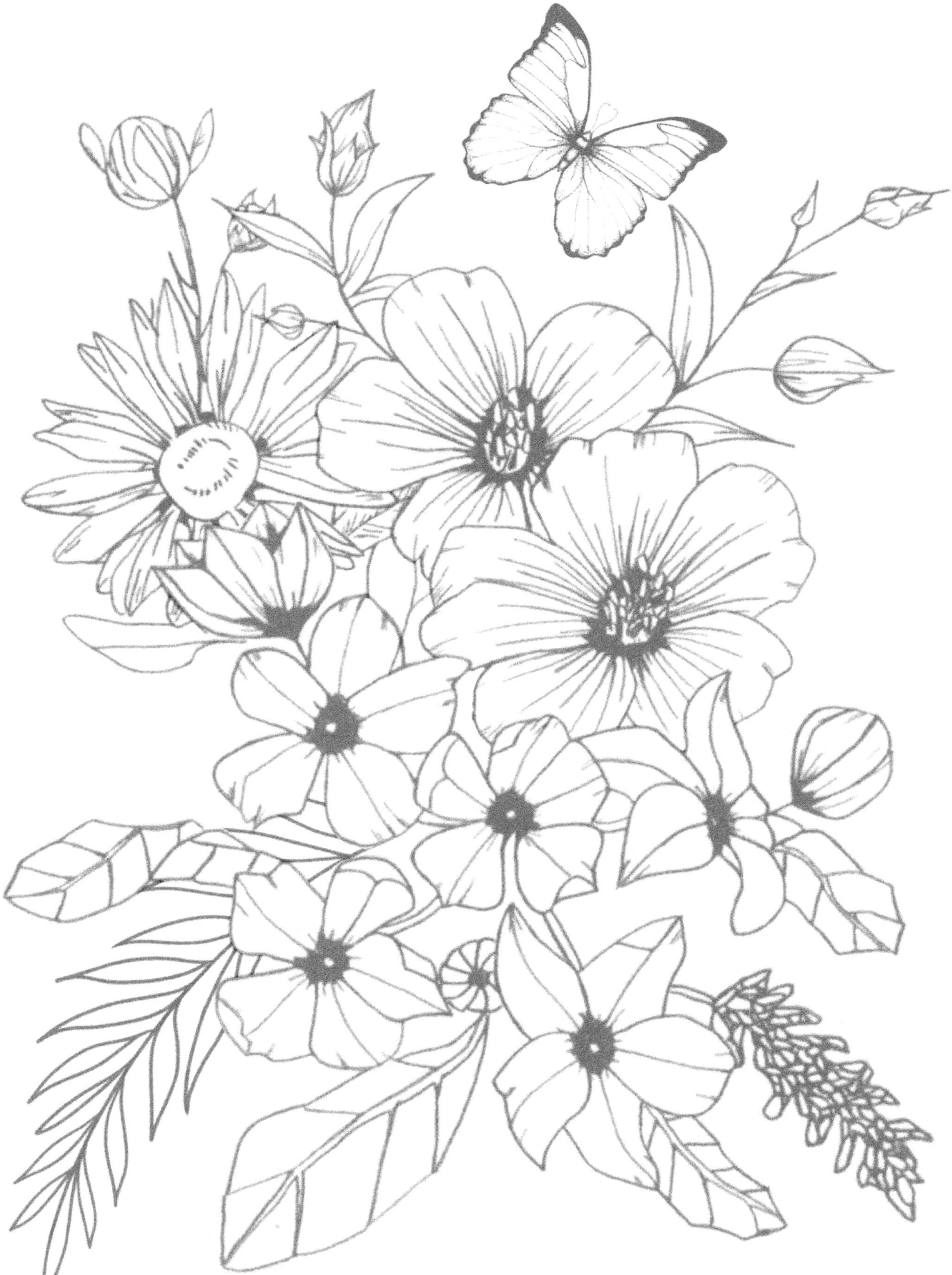

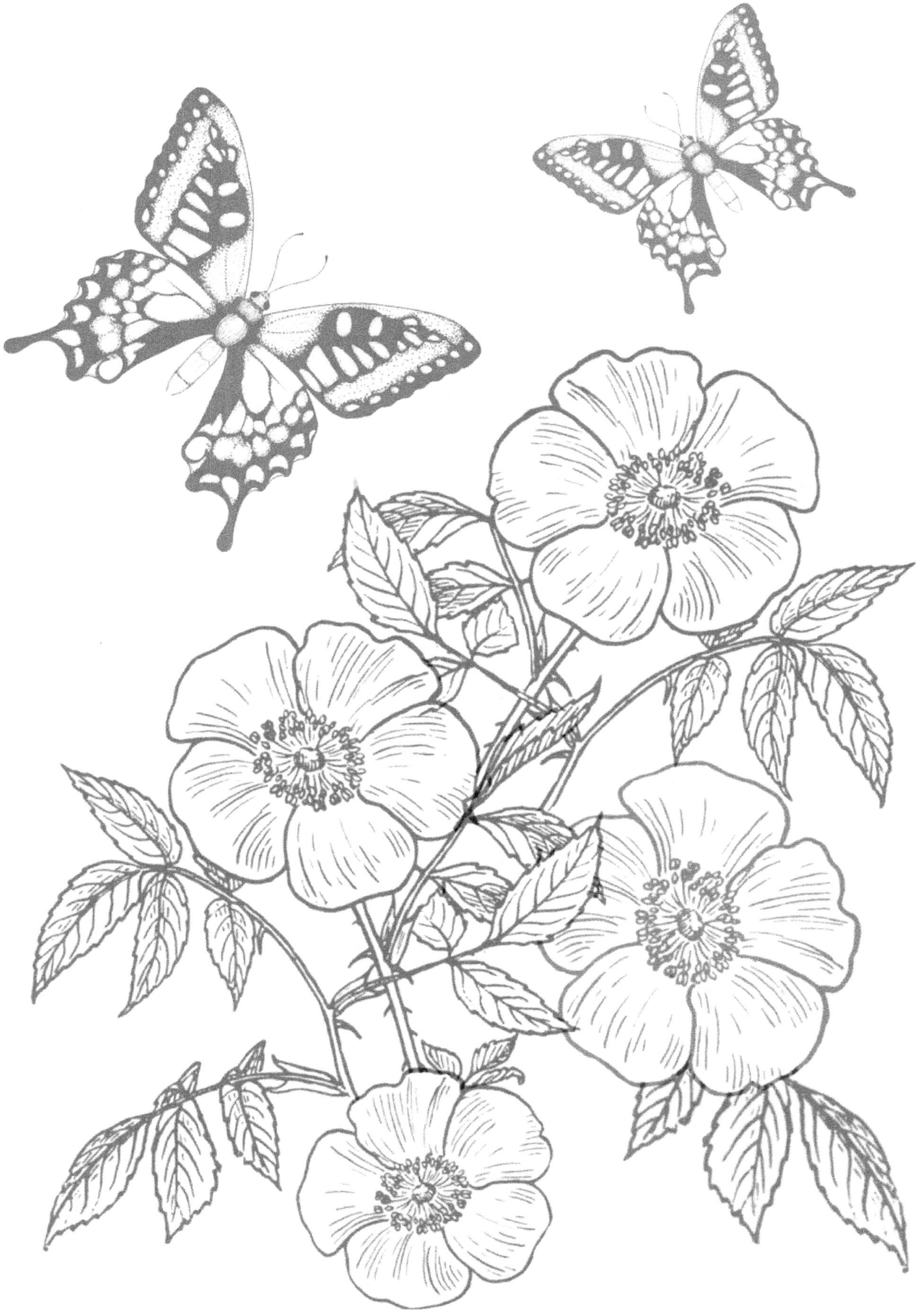

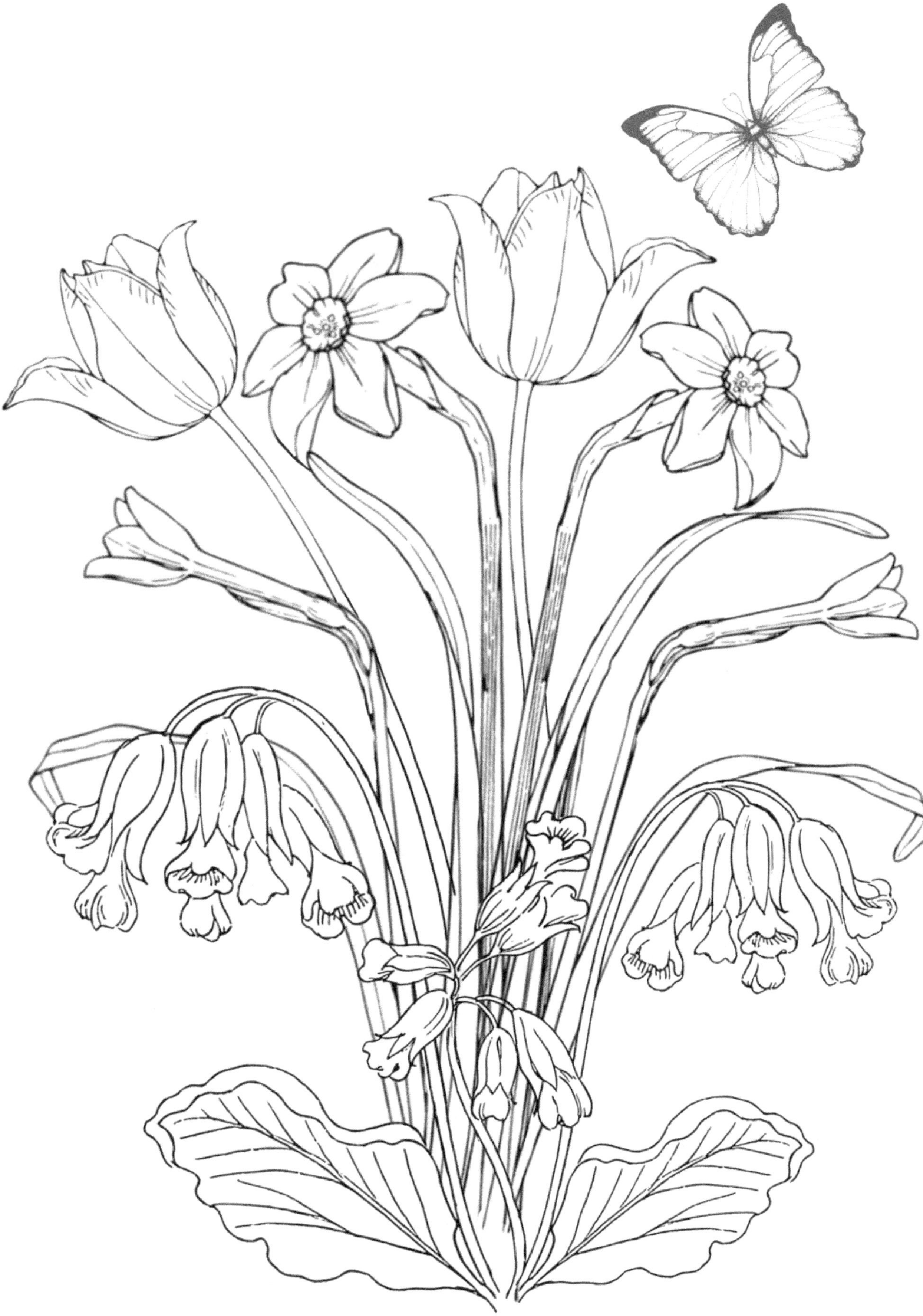

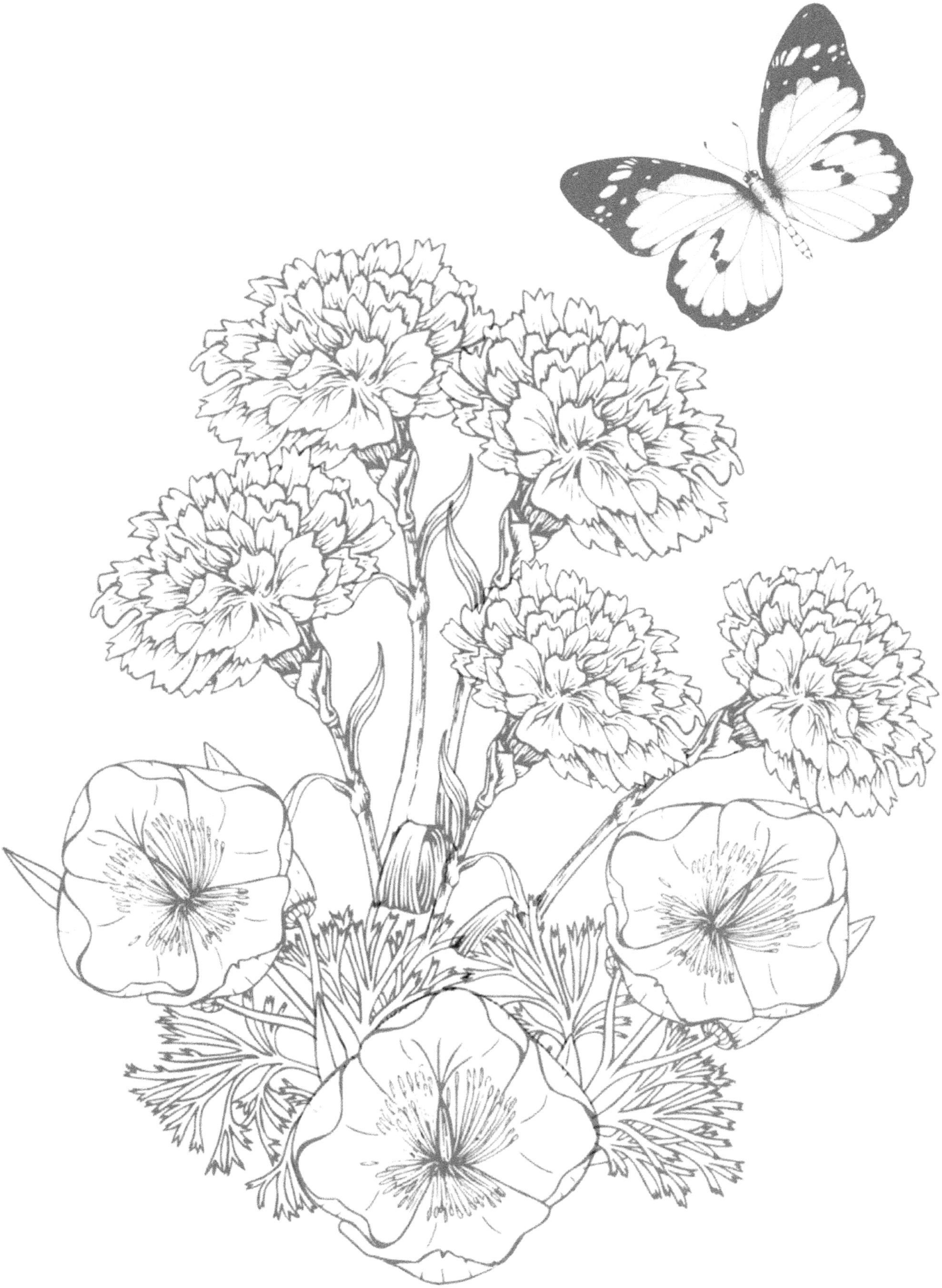

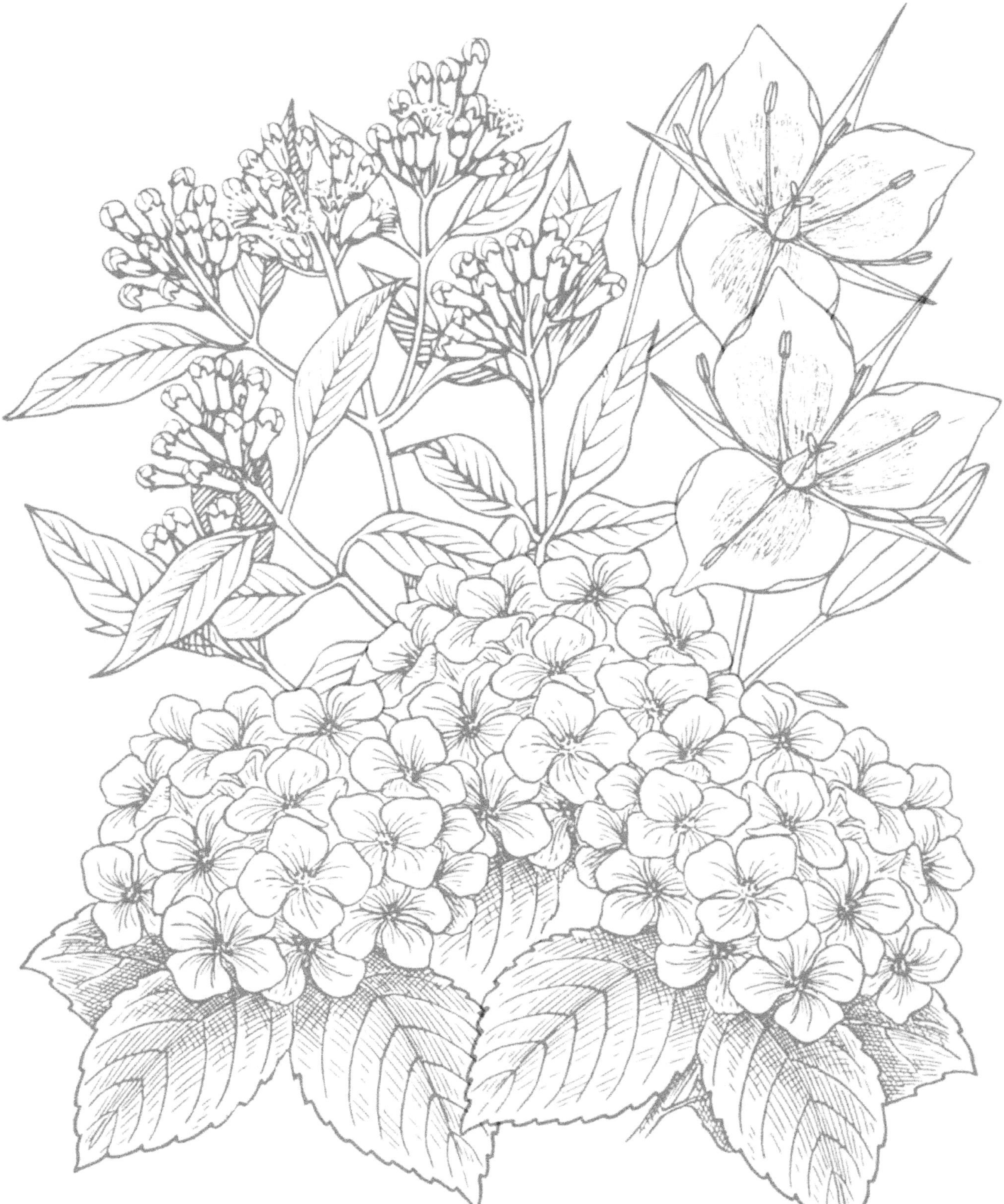

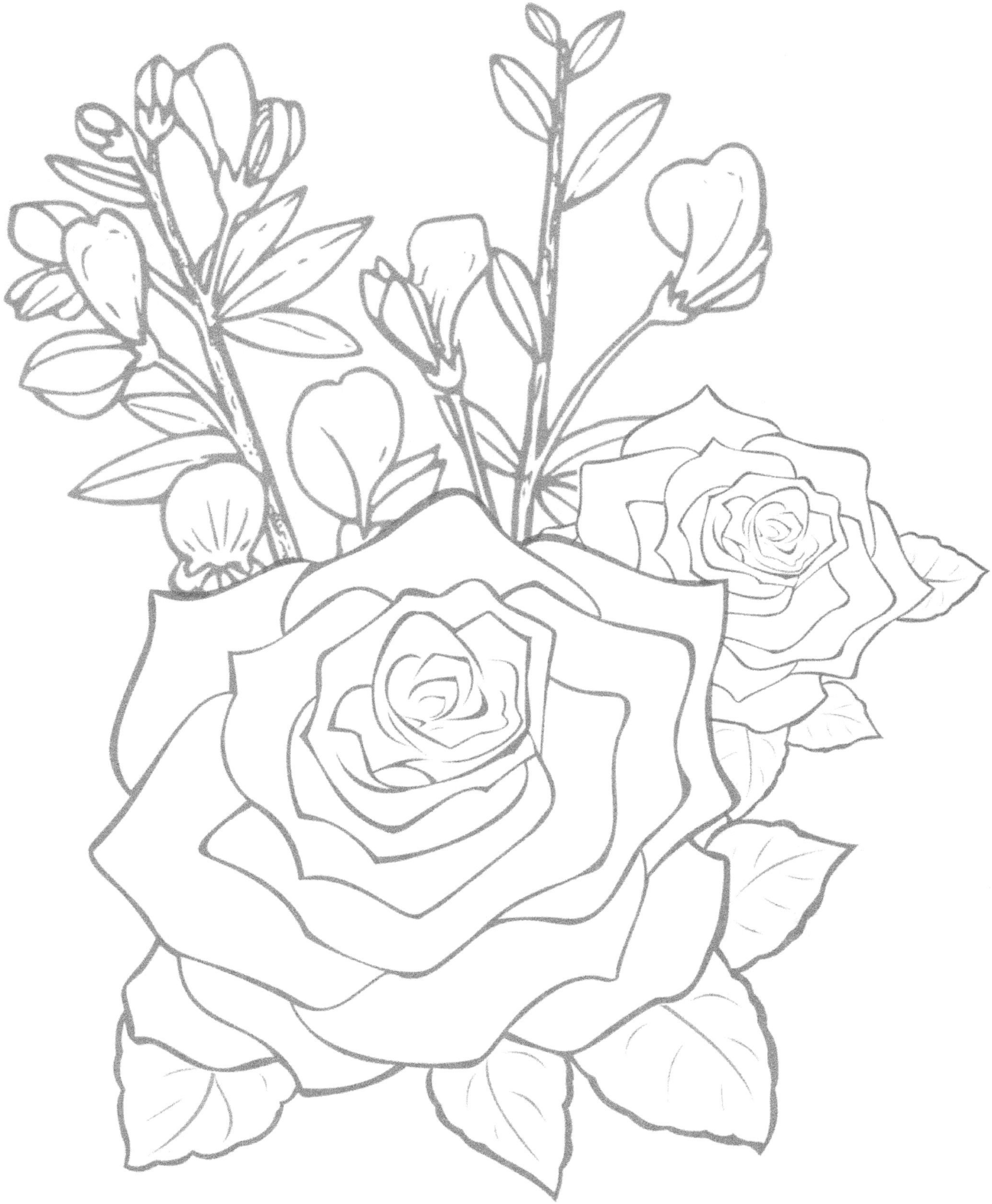

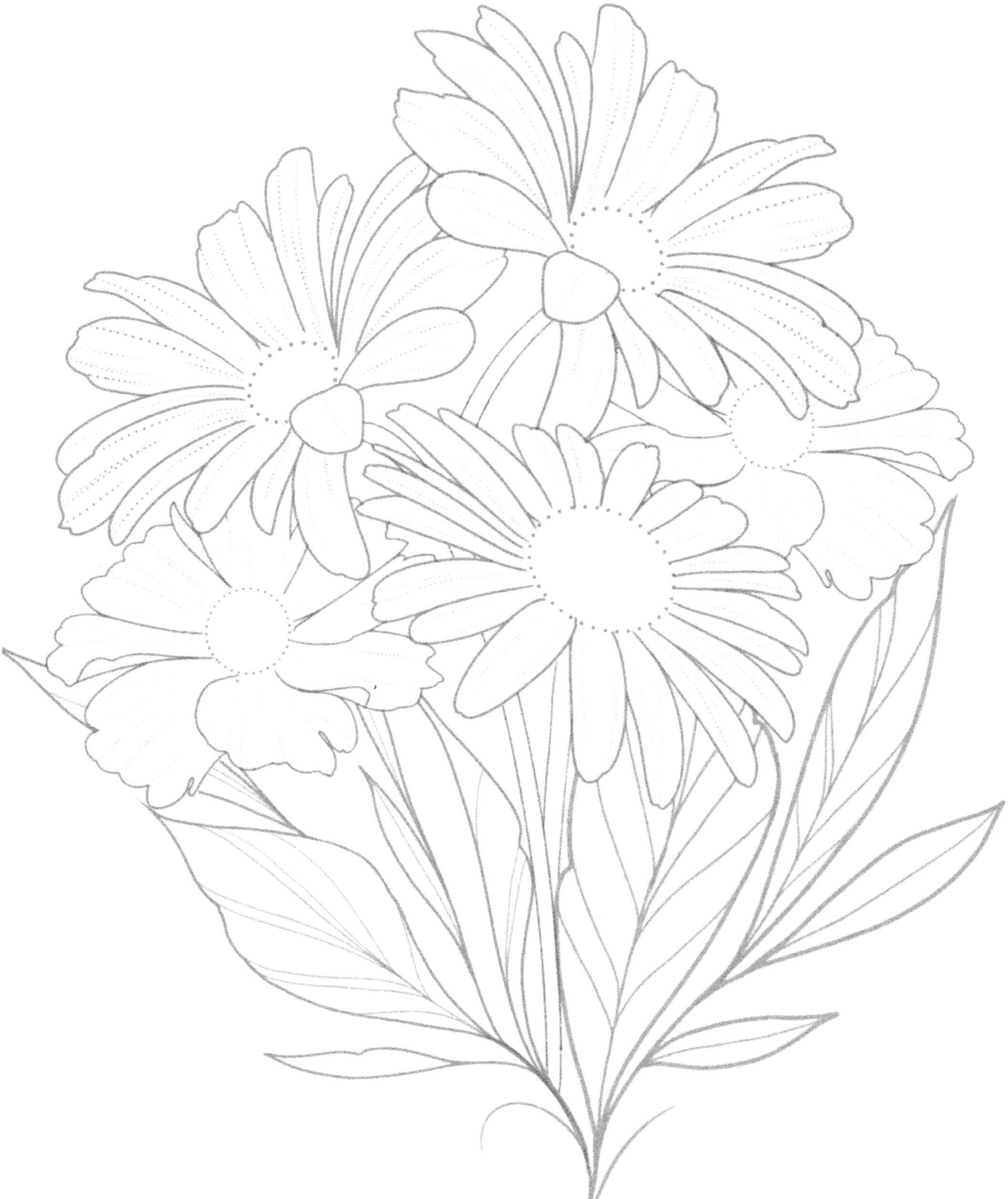

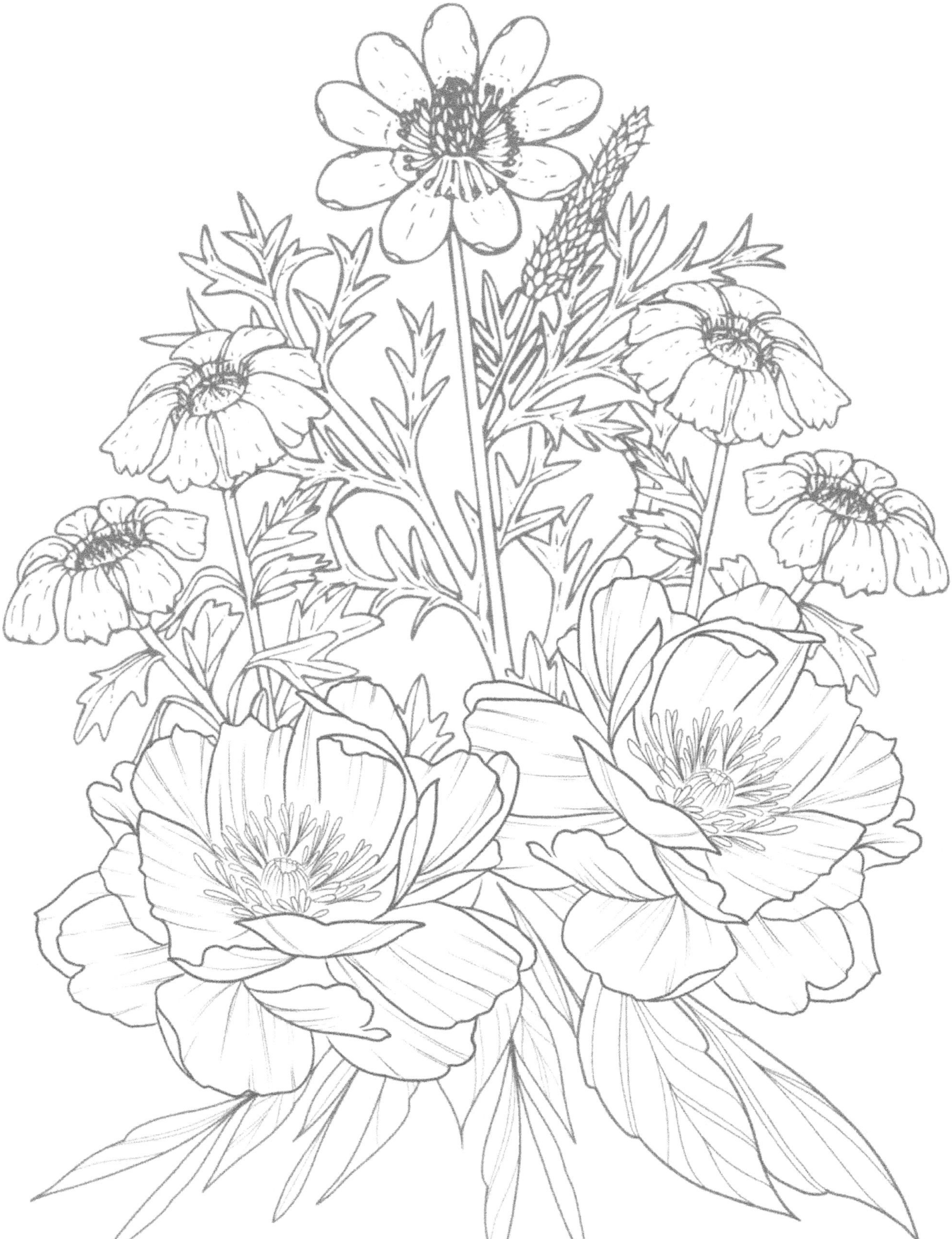

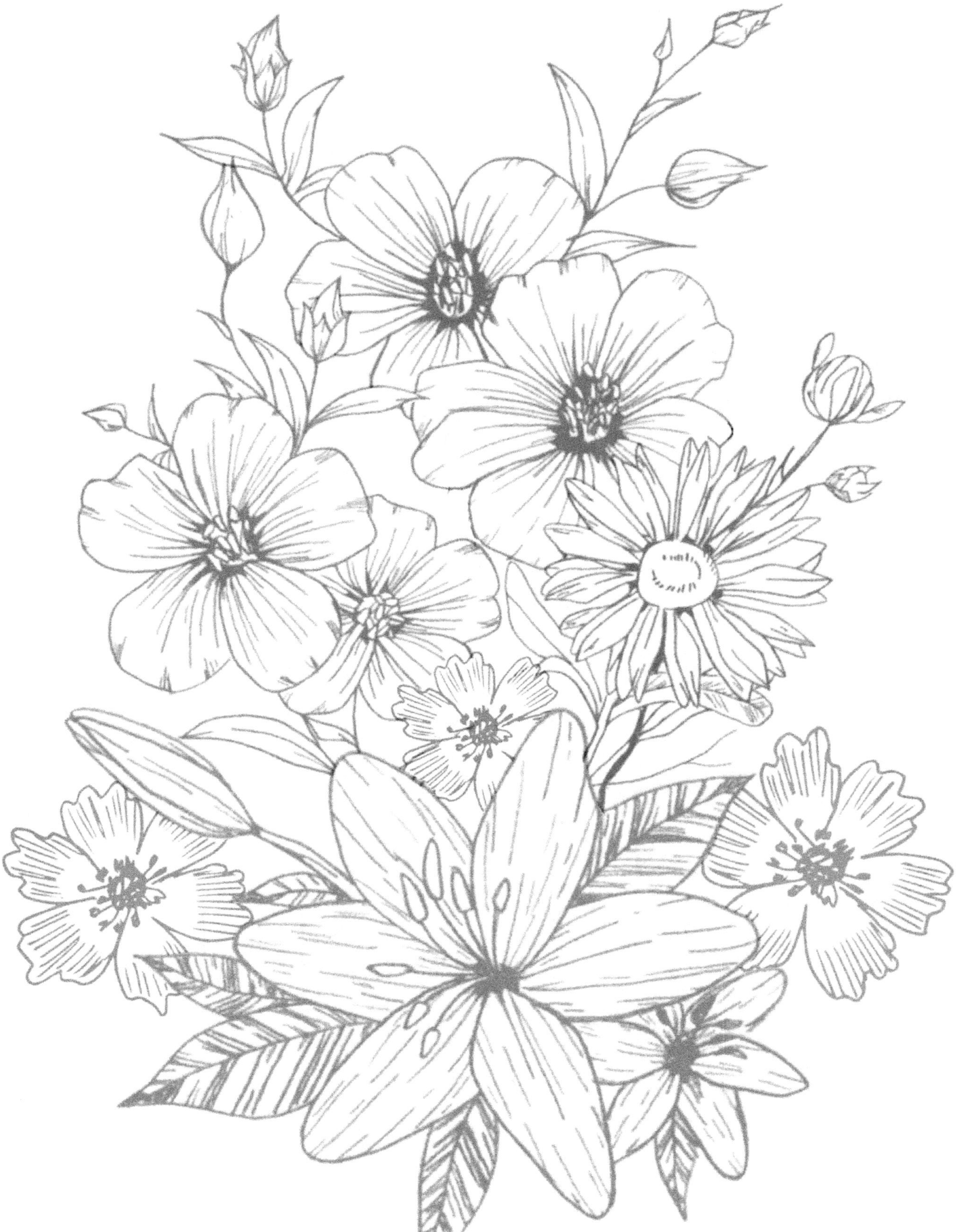

www.ingramcontent.com/pod-product-compliance
Lightning Source LLC
Chambersburg PA
CBHW080907220526
45466CB00011BA/3494
* 9 7 9 8 5 6 5 3 0 4 3 6 7 *